L'ANALISI SWOT

INFORMAZIONI CHIAVE

- **Nome:** l'analisi SWOT o metodo SWOT è l'acronimo dei termini Strengths, Weaknesses, Opportunities e Threats (punti di forza, debolezza, opportunità e minacce).

- **Utilizzi:** questo modello consente alle organizzazioni (imprese, amministrazioni pubbliche o associazioni) di identificare rapidamente sia i fattori interni legati al funzionamento sia i fattori esterni che dipendono dall'ambiente in cui si evolve. L'analisi SWOT viene utilizzata come strumento decisionale e per facilitare lo sviluppo di piani strategici.

- **Perché ha successo?** La forza dell'analisi SWOT risiede nella sua semplicità. Oltre a essere facile da usare, raccoglie risultati che possono essere facilmente comunicati al pubblico.

- **Parole chiave:**

  - Fattore esterno: elemento che un'organizzazione non può influenzare, legato all'ambiente in cui si evolve.

  - Fattore interno: elemento che può essere influenzato o modificato dall'organizzazione.

  - Punti di forza: fattori interni all'azienda che ne rafforzano la posizione competitiva.

- ○ <u>Punti di debolezza</u>: fattori interni che indeboliscono la posizione competitiva di un'organizzazione.

- ○ <u>Opportunità</u>: fattori esterni che hanno il potere di influenzare positivamente la posizione competitiva di un'organizzazione.

- ○ <u>Minacce</u>: fattori esterni che influenzano negativamente l'ambiente esterno di un'organizzazione.

INTRODUZIONE

La storia

L'analisi SWOT trae origine dalla pubblicazione *Business Policy: Text and Cases* (1965), creata da quattro professori dell'Università di Harvard: Edmund Philip Learned (1900-1991), Roland Chris Christensen (1919-1999), Kenneth Richmond Andrews (1916-2005) e William D. Guth. Questo metodo è uno dei primi modelli a considerare l'ambiente esterno di un'organizzazione. In precedenza, i modelli strategici si limitavano alla pianificazione strategica, senza prendere in considerazione l'ambiente.

Oggi l'analisi SWOT è utilizzata soprattutto nei dipartimenti di marketing delle grandi aziende. Anche molte PMI la utilizzano come strumento decisionale.

Alcune società di consulenza utilizzano l'analisi SWOT perché consente di analizzare rapidamente la situazione e di presentarla ai clienti in modo schematico e più semplice. Altre società, come McKinsey e BCG, dispongono di propri modelli di analisi.

Definizione

L'analisi SWOT è uno strumento multidimensionale di analisi strategica:

- identifica i fattori interni di un'organizzazione (punti di forza e di debolezza) e i fattori esterni legati al suo ambiente (debolezze e minacce);

- consente inoltre alle organizzazioni di dare priorità ai fattori in termini di impatto previsto, sia che si tratti di fattori positivi (punti di forza e opportunità) che negativi (punti di debolezza e minacce).

Un'analisi SWOT non ha valore intrinseco se non viene utilizzata a fini strategici.

▎TEORIA

L'analisi SWOT analizza la situazione attuale di un'organizzazione in un determinato momento, in modo lungimirante e non retrospettivo. Analizza anche la struttura, tenendo conto delle prospettive future. Allo stesso tempo, l'analisi SWOT si concentra sulla funzionalità interna (punti di forza e di debolezza) e sull'ambiente esterno (opportunità e minacce) di un'organizzazione.

- I **punti di forza** sono elementi di un'organizzazione che influenzano positivamente il suo sviluppo e la sua posizione competitiva. In generale, i punti di forza sono considerati particolarmente significativi in quanto non caratterizzano la concorrenza. L'analisi SWOT identifica i vantaggi competitivi di un'azienda rispetto ai suoi concorrenti.

- Anche le **debolezze** sono legate al funzionamento interno di un'organizzazione, ma in genere hanno un impatto negativo sul suo sviluppo e sulla sua posizione competitiva. La capacità di identificare chiaramente i punti deboli interni è fondamentale: consente di migliorare gli aspetti rilevanti e di riorientare il lavoro per renderli meno vulnerabili.

- Le **opportunità** per un'organizzazione dipendono da quelle disponibili nell'ambiente esterno. Esse possono essere sfruttate per migliorare la progressione e la posizione competitiva. Una volta fatto questo, possono diventare forze che influenzano positivamente lo sviluppo di un'azienda.

- Anche le **minacce** provengono dall'ambiente esterno di un'organizzazione. La loro identificazione è spesso il risultato di un lavoro strategico tradizionale. Finché vengono individuate in tempo, possono essere anticipate e il loro impatto sulla performance può essere ridotto (e viceversa).

A volte le minacce possono diventare punti di forza. Allo stesso modo, le opportunità possono diventare punti di debolezza. Infatti, dato che l'organizzazione non si sviluppa solo nel suo ambiente, il suo futuro dipende anche dalle decisioni prese dai concorrenti.

FATTORI CHE INFLUENZANO L'EVOLUZIONE DI UN'ORGANIZZAZIONE

In termini di funzionamento interno, per identificare i punti di forza e di debolezza di un'organizzazione è necessario prendere in considerazione molte caratteristiche, tra cui:

- **Competitività dei costi:** uno dei primi aspetti che rendono un'azienda competitiva è la sua capacità di mantenere bassi i costi. Per gestire i costi, l'azienda deve monitorare attentamente l'efficienza della tecnica di produzione (è possibile produrre di più utilizzando meno?) e l'allocazione delle risorse (è opportuno sostituire il capitale con il lavoro?). Può sorgere un conflitto tra la competitività dei costi e la protezione dei lavoratori. Ad esempio, se standard sociali e ambientali più bassi possono ridurre i costi, ciò non significa che non abbiano un impatto (negativo) sui lavoratori.

- **Rete e capacità di distribuzione:** la struttura aziendale dispone di una rete di distribuzione efficace? In particolare, garantisce un buon servizio di consegna (alto tasso di prodotti che arrivano in tempo, basso tasso di rotture, basso tasso di errori, ecc.)? Riesce a razionalizzare i costi di distribuzione (costi globali di stoccaggio e trasporto della merce sufficientemente bassi)? Un possibile compromesso tra qualità dei prodotti, tempi di consegna e costi di distribuzione è la riduzione dei livelli di scorte. Questa strategia si basa sull'uso crescente delle nuove tecnologie informative e comunicative (NICT). Spesso definita "produzione just in time", significa che un'azienda produce un prodotto una volta ordinato dal cliente e lo consegna in tempi molto brevi grazie a una rete di distribuzione efficace.

- **Vendite e marketing:** anche il reparto marketing svolge un ruolo cruciale nel successo di un'azienda. È in grado di anticipare le esigenze dei clienti? È in grado di lanciare campagne pubblicitarie per attirare i clienti? Una buona strategia di marketing è una forza innegabile per qualsiasi azienda.

- **Risorse finanziarie:** una sufficiente stabilità finanziaria è una vera e propria risorsa per un'azienda. Infatti, la capacità di reperire liquidità gioca un ruolo fondamentale, in quanto è essenziale per avviare qualsiasi progetto di espansione.

- **Le risorse umane:** la gestione delle risorse umane è un aspetto spesso trascurato da aziende, amministrazioni pubbliche e associazioni. Tuttavia, è importante che ogni struttura possieda alcune competenze chiave. Per un'organizzazione può essere preferibile dedicare più tempo alla ricerca di una persona adatta, piuttosto che assumere frettolosamente un candidato che non corrisponde alla posizione. In senso più generale, è importante che le aziende stabiliscano un sistema di comunicazione che consenta di ottimizzare i rapporti di lavoro tra colleghi.

- **Politica dell'innovazione:** a livello più strategico, e nella nostra economia, sempre più aziende – e università – faticano a brevettare il numero di innovazioni di cui sono capaci. Il possesso di brevetti deve andare di pari passo con la visione strategica, consentendo ai titolari di presentare l'utilità e il valore delle loro innovazioni, sono anche influenti quando si tratta di negoziare l'uso dei propri prodotti brevettati con altre aziende.

In termini di ambiente esterno, molti fattori influenzano le opportunità e le minacce che un'organizzazione deve affrontare, tra cui:

- **Clima economico:** la presenza o meno di una forte crescita economica ha sicuramente un impatto sulla situazione delle diverse organizzazioni. Una solida attività economica permette a un'azienda di aumentare la propria crescita. Allo stesso modo, un'azienda in difficoltà che perde quote di mercato può talvolta evitare il fallimento in periodi di forte crescita economica, perché la crescita può compensare parzialmente le debolezze. Possiamo ipotizzare l'esito opposto in caso di recessione economica.

- **Tendenze globali dei consumatori:** un altro aspetto che non deve essere trascurato dalle aziende è la progressione dei bisogni dei consumatori. Se la proposta di valore è coerente con le nuove esigenze, la progressione è positiva. Se le esigenze si allontanano dalla proposta di valore, la progressione è negativa. Per evitare questo problema, il reparto marketing può cercare di anticipare i cambiamenti utilizzando diversi strumenti, come il ciclo di vita del prodotto, che descrive in dettaglio le diverse fasi di un prodotto (sviluppo, lancio, crescita, maturità e declino).

- **Ambiente competitive:** anche l'evoluzione dell'ambiente competitivo gioca un ruolo fondamentale. Le aziende più grandi e performanti o quelle più propense a scatenare una guerra dei prezzi possono avere un impatto negativo sulla redditività della concorrenza.

- **Ambiente normative:** anche l'evoluzione delle normative può rappresentare una minaccia se una struttura non è preparata ad affrontarle. Tuttavia, in alcuni casi questo fenomeno permette alle aziende di evitare i concorrenti se questi sono meno preparati a competere.

Ora che avete compreso le basi teoriche dell'analisi SWOT, potete divertirvi a creare la vostra analisi personale come studenti o lavoratori. Ad esempio, se siete nel pieno dei vostri studi, potreste avere un'ottima conoscenza generale (punto di forza), ma a volte avete difficoltà ad esprimere le vostre idee per iscritto (punto di debolezza). Come studenti, avete accesso a un numero considerevole di opzioni, come l'Erasmus o i tirocini (opportunità), tuttavia, i cambiamenti del costo della vita possono purtroppo creare problemi (minaccia).

LIMITAZIONI ED ESTENSIONI

CRITICHE

Teorici e professionisti sono generalmente d'accordo sul fatto che i risultati di un'analisi SWOT possano portare a una rapida valutazione della situazione, che rimane approssimativa e incompleta. Inoltre, i diversi aspetti dell'analisi SWOT non si escludono necessariamente a vicenda.

Ad esempio, una nuova normativa può essere percepita sia come una minaccia che come un'opportunità. I consulenti Terry Hill e Roy Westbrook hanno pubblicato un documento fondamentale chiamato *"SWOT Analysis: It's Time for a Product Recall"*, che mette in luce i limiti intrinseci di un'analisi SWOT:

* In primo luogo, rimane essenzialmente descrittiva. In alcuni casi è stato dimostrato che ciò la rende inefficace, poiché non guida il processo decisionale in un senso o nell'altro. La diagnostica di un'analisi SWOT potrebbe essere eccellente, ma se le decisioni prese in anticipo non sono corrette o non vengono attuate correttamente, è inutile. Possiamo quindi constatare che l'analisi SWOT non è un vero e proprio strumento di vantaggio competitivo.

* Non possiamo trascurare i costi che comporta la realizzazione di un'analisi SWOT, perché richiede un compenso per i consulenti interni e/o esterni. A volte

è preferibile non essere limitati da un modello manageriale che riduce la creatività.

- Un altro rischio deriva dal non dare priorità ai fattori identificati in base all'analisi SWOT in ordine di importanza e dal concentrarsi su dettagli insignificanti. Oltre alla perdita di tempo, questo potrebbe avere un impatto disastroso su un'organizzazione che spende risorse per eliminare problemi minori.

ALTRI MODELLI

Esistono altri modelli che sembrano altrettanto efficaci e che facilitano il processo decisionale. L'analisi delle cinque forze di Michael E. Porter (docente universitario americano, nato nel 1947) valuta, ad esempio, i vincoli a cui è soggetta un'industria. Altre si concentrano sull'interazione strategica tra i concorrenti (ad esempio, le decisioni legate alla quantità di produzione e alla fissazione dei prezzi). Questi studi forniscono un approccio meno completo, ma sono comunque strumenti potenti per valutare il potere della concorrenza all'interno dei settori industriali in questione.

Le cinque forze di Porter

Il modello delle cinque forze di Porter consente a un'azienda di analizzare il proprio ambiente competitivo. Identifica cinque forze in grado di influenzare il panorama competitivo di un settore.

- Il vincolo più evidente che un'azienda deve affrontare è l'**esistenza di concorrenti diretti**. Tuttavia, l'intensità della rivalità tra le aziende non dipende sistematicamente dalla presenza di un certo numero di aziende in concorrenza: è possibile che due aziende del settore A siano in lotta sui prezzi, mentre quattro aziende del settore B formino un cartello stabile e redditizio.

- La **minaccia di nuovi operatori** può anche scoraggiare un'azienda dal fissare prezzi elevati, anche nei casi di monopolio. Questa minaccia non è sempre credibile se esistono barriere significative all'ingresso e all'uscita del settore, nel qual caso il ritorno è trascurabile. Alcune aziende investono in un eccesso di capacità per poter produrre di più in caso di arrivo di un concorrente (il che riduce effettivamente i prezzi e i profitti dei nuovi entranti). I nuovi entranti, essendo generalmente aggiornati con queste capacità in eccesso, sono meno propensi a lanciarsi.

- Le aziende devono essere consapevoli dei **prodotti e dei servizi che potrebbero sostituirli**. Se consideriamo l'esempio del trasporto a medio e lungo raggio (tra i 300 e i 1000 km), negli ultimi decenni i treni ad alta velocità sono diventati un serio sostituto del trasporto aereo in Europa occidentale (il che ha portato a una razionalizzazione del settore aereo con l'emergere di operatori low cost come Ryanair e easyJet).

- **Il potere di negoziazione tra fornitori e clienti** può avere un impatto decisivo sulla redditività di un'azienda. In generale, si può dire che clienti e fornitori possono ottenere prezzi migliori quando le aziende sono poche e i potenziali nuovi operatori si affacciano sul mercato.

Concorrenza oligopolistica e presenza di cartelli

Alcuni modelli economici ci permettono di concentrarci sull'interazione strategica tra le imprese.

- **Il modello di Antoine Augustin Cournot** (matematico e filosofo francese, 1801-1877) è stato creato per analizzare la concorrenza oligopolistica (appartenente a un mercato caratterizzato da un numero ridotto di venditori per un numero elevato di acquirenti). Viene generalmente utilizzato fino a quando le aziende non decidono quali quantità produrre, decisione presa in termini di influenza sulla politica dei prezzi. Le aziende attive nell'industria automobilistica, ad esempio, hanno difficoltà ad aumentare la loro capacità produttiva a breve termine (la costruzione di una fabbrica richiede tempo). Per un certo numero di concorrenti, la pressione della concorrenza in un'industria di tipo Cournot è generalmente considerata media e limitata.

- Al contrario, **il modello di Joseph Louis François Bertrand** (matematico ed economista francese, 1822-1900) viene utilizzato fino a quando le aziende decidono i loro livelli di prezzo e possono aumentare o diminuire la quantità prodotte con facilità. Finché c'è concorrenza, come descritto da Bertrand, due aziende sono sufficienti a mantenere bassi i profitti, perché si troveranno inevitabilmente in una battaglia sui prezzi. Questo modello è utilizzato soprattutto dalle aziende che operano in settori in cui è facile modificare la quantità di produzione a breve termine in presenza di tale concorrenza (ad esempio, l'industria tessile). In generale, se ci sono almeno due concorrenti, la pressione della concorrenza in un'industria di tipo Bertrand è molto forte. Tali industrie sono quindi meno attraenti in partenza.

- È anche possibile che i concorrenti attivi all'interno di un settore – sebbene ciò sia illegale – si accordino esplicitamente per limitare la concorrenza. Si tratta di un **cartello organizzato**. Gli accordi informali non sono illegali e sono, per definizione, impossibili da dimostrare. Se un cartello è stabile, il profitto congiunto delle aziende interessate sarà pari al profitto del monopolista. In sintesi, le seguenti condizioni facilitano la formazione di un cartello:

  - un numero ridotto di aziende;

  - la capacità di individuare e punire rapidamente chi non rispetta l'accordo;

  - sufficiente pazienza delle aziende partecipanti all'accordo.

APPLICAZIONE PRATICA

CINQUE PASSI PER IL SUCCESSO DELL'ANALISI SWOT

1. **Identificare i punti di forza:** identificare gli elementi che hanno un'influenza positiva sulla performance dell'organizzazione e che sono legati al funzionamento interno. Come accennato nel capitolo di presentazione del modello, è utile effettuare questa identificazione in modo approfondito, combinando ciò che caratterizza la situazione finanziaria dell'organizzazione, la performance del suo canale di distribuzione, la sua immagine di marca, ecc.

2. **Identificare i punti deboli:** identificare quindi gli elementi che influenzano negativamente la performance dell'organizzazione e quelli legati al funzionamento interno. Una debole capacità di innovazione, una cattiva comunicazione e l'incapacità di ridurre i costi come gli altri concorrenti sono tutti punti deboli che influiscono negativamente sulla performance di un'organizzazione.

3. **Identificare le opportunità:** quando si considerano le opportunità offerte da un ambiente definito, si tratta di fattori esterni a un'organizzazione che potrebbero avere un'influenza positiva. Gli aspetti da prendere in considerazione sono più o meno specifici per ogni organizzazione (concorrenza, contesto economico, giuridico e demografico, ecc.)

4. **Identificare le minacce:** quando si identificano le minacce in un ambiente definito, è utile analizzare i fattori esterni di un'organizzazione che potrebbero avere un'influenza negativa. Ancora una volta, gli elementi da considerare dipendono dalla natura di ciascuna organizzazione.

5. **Stabilire una strategia:** una volta identificati tutti i fattori interni ed esterni, può iniziare la fase decisionale. A volte questo può assumere la forma di una pianificazione strategica a lungo termine. In altri casi, l'analisi SWOT non farà altro che accelerare il processo decisionale tenendo conto del contesto in cui l'organizzazione si evolve.

CONSIGLI

- È fondamentale supportare le proprie scoperte con cifre, dati e fatti. Una diagnosi fatta troppo in fretta è il modo perfetto per prendere decisioni sbagliate.

- Se possibile, cercate di fornire un supporto per ogni punto di forza, debolezza, opportunità e minaccia. In questo modo si eliminano i fattori trascurabili che non hanno alcuna influenza utile sul processo decisionale.

- L'analisi SWOT è preziosa solo se viene utilizzata al massimo delle sue potenzialità. È essenziale per garantire che le decisioni prese siano ben attuate.

- Quando si stabilisce di prendere decisioni in base ai risultati di un'analisi SWOT, concentrare tutti gli sforzi sulle decisioni che l'organizzazione è in grado di attuare o controllare.

CASO DI STUDIO – ORGANIZZAZIONE TURISTICA NEL SUD DELLA FRANCIA

In questa sezione analizzeremo un esempio di analisi SWOT. L'organizzazione studiata è una piccola realtà turistica gestita da una coppia. Possiede tre pensioni situate nel sud della Francia, al confine tra le Alpi e la Provenza. Identificata come organizzazione turistica, attrae una clientela prevalentemente straniera, soprattutto in estate. Uno dei problemi principali di questa organizzazione turistica è l'irregolarità della domanda a seconda della stagione. Il tasso di occupazione sfiora il 100% in luglio e agosto, ma raggiunge a malapena il 30% nel resto dell'anno. Il problema dell'occupazione è direttamente collegato all'ambiente esterno dell'azienda, poiché è ovvio che la coppia che gestisce le pensioni non ha alcun controllo sulle date delle vacanze dei clienti. Tuttavia, ci sono altri fattori che possono essere regolati e quindi controllati internamente per influenzare le scelte dei turisti.

Vediamo come un'analisi SWOT può aiutare a migliorare questa organizzazione turistica.

Analisi dell'ambiente esterno dell'azienda – minacce e opportunità

- **L'evoluzione delle normative** ha avuto un impatto considerevole sulla situazione di questa piccola organizzazione negli ultimi anni. Esse rappresentano un vero e proprio vincolo, nel senso che i proprietari devono talvolta spendere ingenti somme di denaro per soddisfarle. Pensiamo, ad esempio, alle nuove norme di sicurezza, che a volte si applicano in modo simile ai grandi alberghi, in quanto beneficiano di importanti economie di scala (il costo medio per camera per soddisfare le norme diminuisce all'aumentare del numero di camere) e possiedono generalmente edifici più moderni.

- **L'evoluzione della politica fiscale** di un paese straniero può spesso avere un impatto cruciale sulle attività di un'azienda. Nel caso di questa organizzazione turistica, che attira un certo numero di clienti belgi con profili socio-professionali più abbienti, è possibile che l'adeguamento della tassazione belga sulle auto aziendali abbia di conseguenza causato una riduzione dei tassi di occupazione. In effetti, sembrerebbe che la riforma fiscale in questione abbia reso gli aiuti per le auto aziendali meno interessanti per le aziende belghe, che per lo più forniscono benzina gratuita al personale che beneficia di tale veicolo. L'uso di un'auto per recarsi nel sud della Francia è particolarmente utile per i belgi, soprattutto per quelli con bambini piccoli. Inoltre, nel caso in cui questo sistema venga utilizzato meno, i clienti tendono a cambiare le proprie abitudini e, allo stesso tempo, a pensare ad altre modalità di trasporto e ad altre destinazioni più lontane e meno esotiche. Quest'ultimo punto porta al problema della sostituzione di prodotti e servizi sviluppato nel modello delle cinque forze di Porter (ad esempio, i viaggi in aereo per i quali il prezzo relativo rappresenta una concorrenza significativa).

- **L'evoluzione della tecnologia** è allo stesso tempo un'opportunità e una minaccia per la giovane coppia. L'introduzione di siti web che permettono agli utenti di prenotare direttamente una camera – senza passare per i proprietari – ha cambiato notevolmente la gestione delle pensioni. Questa rivoluzione tecnologica crea un'opportunità nel senso che questi siti aumentano la visibilità e possono facilitare il contatto tra proprietari e turisti. Purtroppo, spesso è difficile controllare la propria reputazione online quando si utilizzano questi servizi. L'abitudine sempre più frequente dei turisti di utilizzare questi siti web per prenotare le camere ha provocato la quasi scomparsa delle guide cartacee, in cui le infrastrutture turistiche sono spesso ben referenziate.

- **Il ruolo dei poteri pubblici nella promozione turistica della regione.** I poteri pubblici hanno una notevole influenza sull'attrattiva di una regione. Nel caso di questo stabilimento turistico, il sostegno e la promozione di luoghi e/o attività circostanti (ad esempio luoghi di bellezza naturale, eventi sportivi unici, ecc.) da parte dell'amministrazione locale, ad esempio, possono attirare più clienti.

- **La sua accessibilità per via aerea, ferroviaria e stradale.** Data la difficoltà di accesso allo stabilimento, si raccomanda ai gestori di sostenere lo sviluppo di proposte di investimento in infrastrutture di trasporto (ad esempio, autostrade, linee ferroviarie, terminal aeroportuali, ecc.)

- **Il contesto economico sfavorevole** legato alla crisi ha ovviamente avuto un impatto negativo diretto sul desiderio dei turisti di andare in vacanza: il budget di spesa stimato sembra infatti meno importante rispetto a quello del 2008. D'altra parte, il tanto atteso ritorno della crescita economica potrebbe avere un impatto positivo sulla situazione di questo stabilimento.

Analisi dell'ambiente interno dell'organizzazione – Punti di forza e di debolezza

- **Soddisfazione del turista.** Il livello di soddisfazione dei turisti è buono. Non solo è indice di un'organizzazione di successo, ma è anche importante perché attira nuovi clienti grazie al passaparola e alla reputazione online che ne deriva (una buona immagine di marca online). Molti turisti possono diventare clienti fedeli e tornare ogni anno. Alcuni diventano addirittura veri e propri ambasciatori della struttura e incoraggiano amici e familiari a recarvisi in vacanza.

- **L'ubicazione della struttura turistica** è attraente e allo stesso tempo offuscante. L'isolamento geografico del luogo attrae un certo tipo di turista che desidera una pausa in un ambiente tranquillo, nel qual caso questa struttura è perfetta. Questa posizione può essere vista anche come una debolezza, nel senso che le pensioni sono difficili da raggiungere con i mezzi pubblici e sono lontane dai servizi (supermercati, ristoranti, ecc.). Inoltre, la regione non è molto conosciuta dai turisti.

- **La vicinanza alle attività e ai servizi turistici.** La disponibilità di diverse attività sportive, comprese quelle stagionali (sentieri escursionistici e mountain bike in estate; sci in inverno) nelle vicinanze dell'alloggio è un punto di forza per l'organizzazione. Allo stesso modo, l'organizzazione di pranzi e cene può mettere i turisti in contatto tra loro. Molti di loro apprezzano questo contatto sociale, anche se alcuni preferiscono la loro privacy.

- **Profilo del cliente.** Attualmente la struttura attira soprattutto privati. Potrebbe essere interessante attirare una clientela diversa. Una possibile soluzione è contattare le aziende che desiderano organizzare seminari e/o sessioni di team building. Un'altra possibilità è quella di collaborare con fornitori di servizi turistici, come le organizzazioni escursionistiche.

- **Qualità della connessione ad Internet.** La connessione ad Internet è lenta a causa della posizione isolata, il che rappresenta una notevole debolezza nell'era digitale.

L'analisi SWOT ci ha permesso di identificare un certo numero di punti di forza, debolezza, opportunità e minacce dell'organizzazione. Osserviamo ora come la combinazione di questi elementi possa portare a prendere decisioni strategiche efficaci. Da questo punto in poi, è possibile:

- **Sfruttare le opportunità.** L'evoluzione della tecnologia può essere sfruttata per quanto riguarda la visibilità offerta da Internet. L'organizzazione farebbe bene a registrare le proprie guest house sulle piattaforme disponibili dove i potenziali clienti (persone alla ricerca di un luogo di vacanza remoto) possono trovarle. Dato che i consumatori hanno un budget per le vacanze inferiore rispetto al passato, potrebbe essere utile per l'organizzazione adattare la propria politica dei prezzi, sfruttando in particolare le possibilità offerte dalle nuove tecnologie (ad esempio, le offerte last minute).

- **Anticipare le minacce.** Anche se l'evoluzione del quadro normativo può essere considerata una minaccia a breve termine, è anche un ostacolo allo sviluppo di nuove strutture. Nel lungo periodo, esse costituiranno un'ottima barriera all'ingresso e consentiranno a coloro che si adegueranno al nuovo quadro normativo di beneficiare della stabilità di fronte alla concorrenza.

- **Rafforzare i punti di forza.** Il passaparola potrebbe essere il metodo più efficace se l'organizzazione comunicase meglio con i suoi clienti abituali per attirarli durante le altre stagioni. La loro fedeltà può essere sfruttata anche attraverso i social network.

- **Correggere alcuni punti deboli.** Per diversificare la clientela, l'azienda potrebbe proporre soggiorni a clienti aziendali (organizzando un soggiorno per seminari professionali o un soggiorno a tema con gastronomia, sport o altro).

Si potrebbero prendere anche altre decisioni e prendere in considerazione altri pareri, ma alla fine tutto dipenderà dalle priorità stabilite dai responsabili dell'organizzazione.

SINTESI

- L'analisi SWOT prevede lo studio dei fattori che influenzano (positivamente o negativamente) il funzionamento interno e l'ambiente esterno di un'organizzazione, che può essere un'azienda, un'associazione o un'amministrazione pubblica.

- I punti di forza e di debolezza sono le misure che un'organizzazione può controllare. La competitività dei costi gioca evidentemente un ruolo determinante nel successo di un'azienda. Non bisogna mai sottovalutare il ruolo svolto dalla concorrenza per quanto riguarda altri aspetti, in particolare la capacità di innovazione.

- Le opportunità e le minacce sono legate all'ambiente esterno di un'organizzazione e non possono essere controllate da essa. Spesso si pensa che siano di natura economica (crescita o recessione), ma è importante non ignorare anche gli altri aspetti più specifici del settore (evoluzione delle esigenze dei clienti, ambiente competitivo e normative).

- Lo studio dei punti di forza, dei punti di debolezza, delle opportunità e delle minacce dovrebbe portare al processo decisionale o all'adozione di piani strategici.

- Alcuni consigli per realizzare un'analisi SWOT: Pensate a basarvi sui fatti piuttosto che sulle istituzioni. È fondamentale supportare la vostra analisi con cifre tangibili (ad esempio, dati finanziari).

- L'analisi SWOT è attualmente un metodo molto diffuso, soprattutto all'interno dei dipartimenti di marketing delle grandi aziende.

- La sua semplicità rimane un'arma a doppio taglio. Alcuni autori hanno dimostrato che l'uso dell'analisi SWOT può talvolta avere un impatto negativo sulle prestazioni di un'organizzazione. Alcuni di essi possono essere la mancanza di rigore o il fatto che l'analisi non sia seguita dal piano d'azione strategico raccomandato (secondo Terry Hill e Roy Westbrook).

- Sono stati sviluppati altri modelli per facilitare la definizione della pianificazione strategica:

  - il modello delle cinque forze, creato da Michael E. Porter alla fine degli anni settanta, si concentra principalmente sui vincoli che influenzano negativamente la redditività di un'azienda;

  - altre alternative all'analisi SWOT sviluppate nel XIX secolo, grazie ai modelli degli economisti francesi Antoine Augustin Cournot e Joseph Bertrand, consentono di analizzare a fondo la concorrenza nel contesto richiesto.

ULTERIORI LETTURE

BIBLIOGRAFIA

BCV. (2015) *D'une idée à un plan.* [Online]. [Consultato il 6 giugno 2014]. Disponibile da: < http://www.bcv.ch/fr/entreprises/outils_et_conseils/creer_votre_entreprise/d_une_idee_a_un_plan/votre_produit_ou_service_a_t_il_un_potentiel_de_vente_sur_le_marche/preparer_une_analyse_swot>

Bouvier-Patron, P. (2011) *Impresa e innovazione. Verso l'inter-organizzazione innovativa responsabile?* Parigi: L'Harmattan.

Codice Celo. (2010) *L'art de (bien) utiliser une matrice SWOT pour convaincre.* [Online]. [Consultato il 6 giugno 2014]. Disponibile da: < http://www.ilikepm.com/2010/08/02/lart-de-bien-utiliser-une-matrice-swot-pour-convaincre/>

Commissione europea. (2008) *L'analisi SWOT.* [Online]. [Consultato il 6 giugno 2014]. Disponibile da Internet Archive:<https://web.archive.org/web/20080913090043/http://ec.europa.eu/europeaid/evaluation/methodology/examples/too_swo_res_fr.pdf>

Helms, M. M. (2013) Enciclopedia della teoria della gestione. Quadro di analisi SWOT. *Sage Knowledge.* [Online]. [Consultato il 6 giugno 2014]. Disponibile da: < http://www.sagepub.com/gray3e/study/chapter3/Encyclopaedia%20entries/SWOT_Analysis_Framework.pdf>

Hill, T. e Westbrook, R. (1997) Analisi SWOT: È tempo di riti-rare un prodotto. *Pianificazione a lungo termine.* 30(1), pp. 46-52.

Lambin, J-J. e de Moerloose, C. (2008) *Marketing stratégique et opérationnel. Dal marketing all'orientamento di mercato.* [7a edizione]. Parigi: Dunod.

Learned, E. P., Christensen, R., Andrews, K. e Guth, W. (1965) *Business Policy – Text and Cases.* Homewood: Irwin.

Mayrhofer, U. (2007) *Management stratégique.* Parigi: Bréal.

Porter, M. E. (2008) Le cinque forze competitive che model-lano la strategia. *Harvard Business Review.* Disponibile da: < https://hbr.org/2008/01/the-five-competitive-forces-that-shape-strategy?cm_sp=Article-_-Links-_-Com-ment>

Rousseau, B. (Senza data) Analisi SWOT. *ANDLIL.* [Online]. [Accessed 6 June 2014]. Disponibile da: < http://www.andlil.com/analyses-swot/>

Università del Québec a Montréal. (2014) *Scheda tecnica. L'analisi SWOT.* [Online]. [Consultato il 6 giugno 2014]. Disponibile da Internet Archive: < https://web.archive.org/web/20120710011319/http://www.er.uqam.ca/nobel/r20014/methodologie/SWOT.PDF>

Van Laethem, N. (2010) L'analisi SWOT: 10 consigli per la riuscita. *Il blog della strategia di marketing.* [Online]. [Consultato il 6 giugno 2014]. Disponibile da: < http://www.marketing-strategie.fr/2010/05/15/10-conseils-pour-reussir-lanalyse-s-w-o-t/>

Varian, H. (2011) *Introduction à la microéconomie.* [7a edizione] Bruxelles: De Boeck.

Vogliamo sapere da voi!
Lasciate un commento sulla vostra biblioteca online
e condividete i vostri libri preferiti sui social media!

L'editore garantisce l'affidabilità delle informazioni pubblicate, che non possono tuttavia impegnare la sua responsabilità.

Master ISBN: 9782808064644
ISBN cartaceo: 9782808064934
Deposito legale: D/2022/12603/80

Design digitale: Primento,
il partner digitale degli editori.

COMUNICARE EFFICACEMENTE SUL LAVORO

Dite ciò che intendete e ottenete ciò che volete

COMUNICARE EFFICACEMENTE SUL LAVORO

Dite ciò che intendete e ottenete ciò che volete

scritto da Virginie de Lutis
tradotto par Sara Rossi